Ingrid Moras

Freundschafts-bänder

Neue Muster
Tiermotive
Püppchen

CHRISTOPHORUS
BRUNNEN-REIHE

Seit mehr als 30 Jahren steht der Name „Christophorus“ für kreatives und künstlerisches Gestalten in Freizeit und Beruf. Genauso wie dieser Band der Brunnen-Reihe ist jedes Christophorus-Buch mit viel Sorgfalt erarbeitet: Damit Sie Spass und Erfolg beim Gestalten haben – und Freude an schönen Ergebnissen.

ISBN 3-419-55892-9

Styling und Fotos: Roland Krieg, Waldkirch
Textredaktion: Dr. Ute Drechsler-Dietz
Zeichnungen: Ingrid Moras
Zeichnungen der Knoten S. 8: Uwe Stohrer, Freiburg
Umschlaggestaltung: Network!, München
Produktion: Print Production, Umkirch
Druck: Freiburger Graphische Betriebe, 1997

Christophorus
Bücher mit Ideen

Inhalt

Püppchen, Tiere, neue Muster

Für alle Knüpf-Fans, die gerne etwas Neues und Besonderes ausprobieren, soll dieses Buch mit seinen breiten Bändern, neuen Mustern, Tiermotiven und den Kombinationen mit Perlen und lustigen Freundschaftspüppchen eine Anregung sein.
Die kleinen Püppchen sind beliebt als Schmuck und Zeichen der freundschaftlichen Verbundenheit an Ketten und Bändern. Aber auch schon ein einzelnes geknüpftes Püppchen kann einen guten Zweck erfüllen: Über Nacht unters Kopfkissen gelegt, soll es Sorgen und traurige Gedanken vertreiben - und wer könnte das nicht gebrauchen?

Als Geschenk sind die kleinen Figuren sicher noch wirkungsvoller, denn, liebevoll für den anderen gemacht, bringen sie nur Freude mit.
Also, nicht erst trübe Gedanken aufkommen lassen, sondern gleich zu Holzperle und Faden greifen!

Viel Spaß und gute Laune dabei wünscht

Ingrid Moras

Das Material und die Knoten

Das Knüpfmaterial

Für die in diesem Buch vorgestellten Beispiele wurde Perlgarn Nr. 5 von Coats Mez verwendet, die angegebenen Farbnummern entsprechen diesem Garn. Gut zum Knüpfen eignen sich auch Sticktwist oder andere Baumwollgarne.
Für die Püppchen benötigt man Holzperlen mit einem Durchmesser von 8 mm. Die Bohrung muß einen Durchmesser von mindestens 2 bis 2,5 mm aufweisen.

Die Vorbereitung der Knüpffäden

Die Knüpffäden müssen in einer bestimmten Reihenfolge geordnet werden. Die dicken senkrechten Striche über dem Knüpfplan zeigen die Anzahl der Fäden, darüber stehen die Farbangaben in der erforderlichen Reihenfolge.

Der Knüpfbeginn

Bei manchen Bändern beginnt man in der Mitte des Fadenbündels zu knüpfen. Dazu die Fäden in der Mitte mit Klebeband (z.B. tesa-Malerband) an der Tischkante festkleben. Das Klebeband gut andrücken. Nach dem Knüpfen der ersten Hälfte das Band um 180 Grad wenden und den zweiten Teil knüpfen. Wenn eine Seite des Bandes mit einer Schlaufe abschließen soll, die Fäden in der Mitte mit Klebeband festkleben. Mit einem Faden 10 - 15mal hintereinander über alle anderen, zusammengefaßten Fäden einen rechtsgeknüpften Knoten legen. Das umknotete Teilstück rund biegen und an der Tischkante befestigen. Nach dem Ordnen der Fäden in der erforderlichen Reihenfolge knüpfen.
Bei anderen Bändern ist der Knüpfbeginn am Rand des Fadenbündels. Die Fäden ca. 10 bis 12 cm (= Überstand für den Abschluß des Bändchens) von einem Ende entfernt ordnen und fixieren.

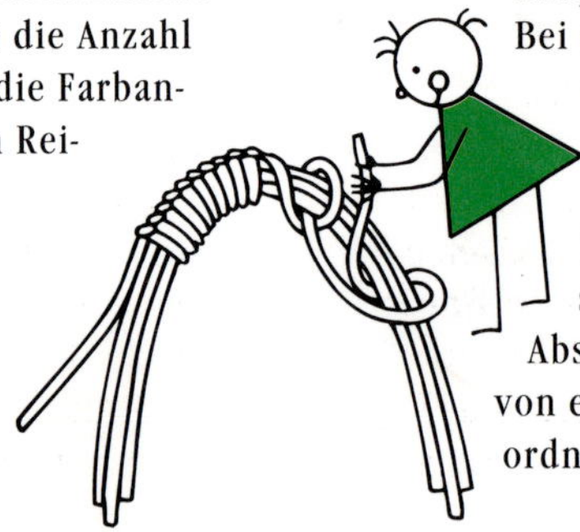

Der Abschluß der Bändchen

Nach dem Knüpfen eines Bändchens entweder die Fäden auf beiden Seiten zu einem Zopf flechten oder zu Kordeln verdrehen. Nach etwa 10 cm mit allen Fäden einen Knoten legen, und den Überstand der Fäden nach ca. 1 cm abschneiden. Für jede Kordel die Fäden in zwei Stränge teilen. Jeden Faden getrennt nach rechts eindrehen und dann miteinander verdrehen, dabei immer den rechten Strang über den linken legen.

Das Fertigen einer Wrap-Kette

Einen 30 cm langen Faden als Schlaufe am Tisch festkleben und einige Fäden bis zur Mitte hindurchziehen. Einen Faden auswählen und zwischen Daumen und Zeigefinger durchlaufen lassen, während der Fadenstrang mit der anderen Hand nach links eingedreht wird. Man kann auch zwei Fäden parallel um den Fadenstrang wickeln. Den Wickelfaden mit einer Schlinge um alle Fäden ablegen, eine andere Farbe auswählen und weiterwickeln; vorher den Strang jeweils ausdrehen lassen.

Die Knoten

Für jeden an der Oberseite des Bändchens sichtbaren Knoten jeweils zwei Schlingen legen: Einen Faden (= Ziehfaden) spannen, d.h. nach unten ziehen, mit dem anderen (= Knüpffaden) eine Schlinge um den Ziehfaden legen und fest nach oben ziehen. Die zweite Schlinge mit demselben Knüpffaden weniger fest nach oben ziehen. Vor jedem neuen Knoten den Knüpffaden leicht nach unten ziehen, dann nehmen die beiden Fäden ihre Position deutlich ein. Je nach Art des Knotens vertauschen die Fäden ihre Stellung oder kommen in die Ausgangsstellung zurück. Es gibt insgesamt vier verschiedene Knoten, von denen jeder ein eigenes Knotensymbol hat (s. Seite 8), und zwei verschiedene Arten, die Muster zu knüpfen (s. Seiten 6 und 7).

Die Autorin dankt der Firma Coats Mez GmbH, die freundlicherweise das Material für dieses Buch zur Verfügung gestellt hat.

So wird's gemacht

Das Grundmuster

Das Knüpfen einer Reihe
Die Knoten von links nach rechts knüpfen. Es entstehen Reihen, die schräg von links oben nach rechts unten verlaufen. Im Knüpfplan steht das Symbol für den ersten Knoten jeder vollständigen Reihe immer in senkrechter Linie unter dem zweiten Faden (= zweiter dicker Strich). Der erste Knoten wird mit dem ersten und zweiten Faden geknüpft (s. gepunktete Linie). Die Symbole für den zweiten Knoten jeder Reihe stehen in senkrechter Linie unter dem dritten Faden und werden jeweils mit dem zweiten und dritten Faden gelegt usw. Eine gerade Zeile im Knüpfplan entspricht einer schräg geknüpften Reihe am Band. Der Pfeil über jeder Zeile soll an diese Knüpfrichtung erinnern.
Tip: Um den Überblick nicht zu verlieren, am besten mit einem Farbstift die senkrechten Linien (= Verlängerung des 2., 3. usw. Fadens) einzeichnen.

Ein gerader Anfang des Bandes
Zunächst verkürzte Reihen im Grundmuster, also immer von links nach rechts, knüpfen: Für die erste schräge Reihe nur einen Knoten mit den letzten beiden Fäden (= 5. und 6. Faden) knüpfen. Die zweite schräge Reihe aus drei Knoten mit den letzten vier Fäden von links nach rechts knüpfen. Die dritte Reihe ist vollständig (5 Knoten).

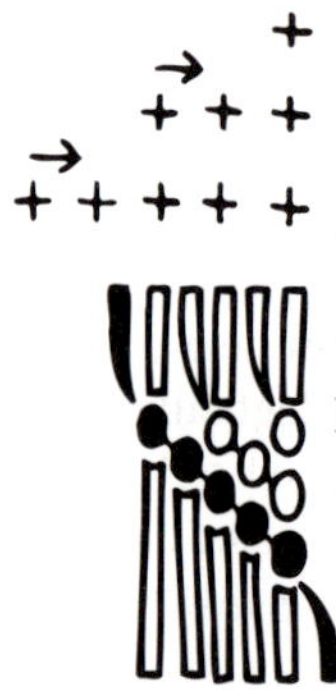

Das Pfeilspitzen-Muster

Die Aufteilung der Fäden
Die stets gerade Anzahl der Fäden halbieren, die Knoten von links und rechts zur Mitte knüpfen. Zuletzt die beiden mittleren Fäden zur Pfeilspitze verknoten (Symbol im Knüpfplan: eine nach unten gerichtete Pfeilspitze unter dem Knotensymbol).

Die linke Hälfte
Alle Symbole für die ersten Knoten einer jeden linken Reihe der Pfeilspitze stehen in senkrechter Linie unter dem zweiten Faden von links (= zweiter dicker Strich) und werden mit dem ersten und zweiten Faden gelegt, alle Symbole für die zweiten Knoten stehen unter dem dritten Faden von links und werden mit dem zweiten und dritten Faden geknüpft usw.

Die rechte Hälfte
Dann die rechte Hälfte arbeiten. Alle Symbole für die ersten Knoten auf der rechten Seite stehen unter dem zweiten Faden von rechts und werden mit dem ersten und zweiten Faden von rechts geknüpft, alle Symbole für den zweiten Knoten auf der rechten Seite stehen unter dem dritten Faden von rechts und müssen mit dem zweiten und dritten Faden von rechts gelegt werden usw. Zuletzt die beiden mittleren Fäden verknoten (= Spitze der geknüpften Pfeilspitze).

Die Knüpfrichtung
Die Pfeile über jeder Knüpfzeile sollen die Knüpfrichtung verdeutlichen: Zeigen sie von außen nach innen, immer vom rechten und linken Rand zur Mitte knüpfen. Die Reihen verlaufen jeweils zur Mitte hin schräg abwärts. Gelegentlich wird auch von innen nach außen geknüpft. Bei vollständigen Pfeilspitzen beginnt man dann mit dem Knüpfen des Mittelknotens (= Spitze). In diesem Fall stehen die Pfeile links und rechts über dem Knotensymbol für den Mittelknoten und sind nach außen gerichtet; die so geknüpften Reihen verlaufen jeweils zum Rand hin abwärts.

Ein gerader Anfang des Bandes
Zunächst verkürzte Pfeilspitzen herstellen: Zuerst nur den Mittelknoten knüpfen, dann eine verkürzte Pfeilspitze mit dem dritten, vierten und fünften Faden von rechts und links und zuletzt die vollständige Pfeilspitze mit allen Fäden.

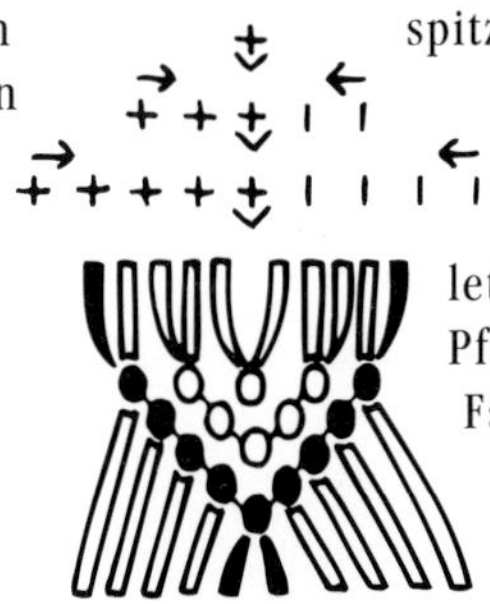

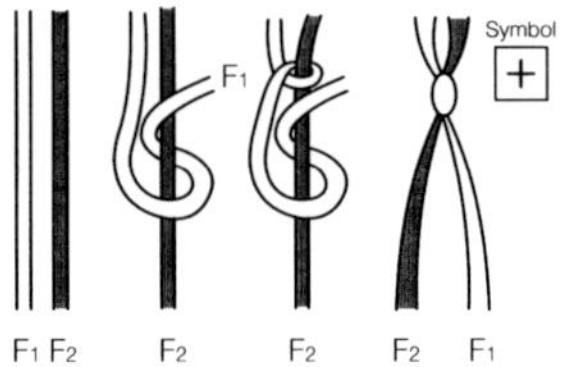

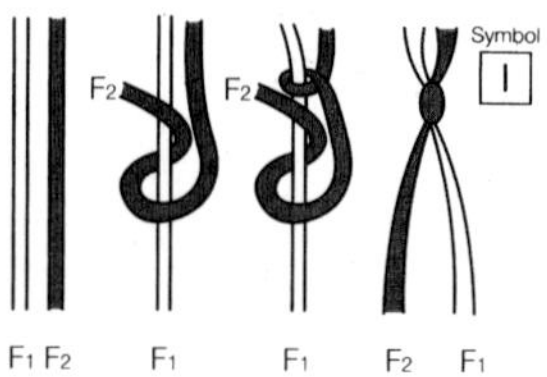

Rechtsgeknüpfte Knoten (Symbol: Kreuz)

1. Den rechten Faden F2 (= Ziehfaden) straff nach unten ziehen.
2. Mit dem linken Faden F1 (= Knüpffaden) eine Schlinge nach rechts über den Ziehfaden F2 legen und zu einem Knoten fest nach oben ziehen.
3. Erneut mit F1 über den Ziehfaden F2 eine Schlinge nach rechts legen und diese zu einem Knoten nach oben ziehen.
4. Der Knoten hat die Farbe des Knüpffadens F1. Die Position der Fäden hat gewechselt: F1 liegt nun rechts.

Rechts-linksgeknüpfte Knoten (Symbol: Punkt)

1.Den rechten Faden F2 straff nach unten ziehen (= Ziehfaden).
2.Mit dem linken Faden F1 (= Knüpffaden) eine Schlinge nach rechts über den Ziehfaden F2 legen und zu einem Knoten fest nach oben ziehen.
3. Mit dem jetzt rechts liegenden Knüpffaden F1 eine Schlinge nach links über den Ziehfaden F2 legen und diese zu einem Knoten nach oben ziehen.
4. Der Knoten hat die Farbe des Knüpffadens F1. Die Position der Fäden entspricht der Ausgangsstellung.

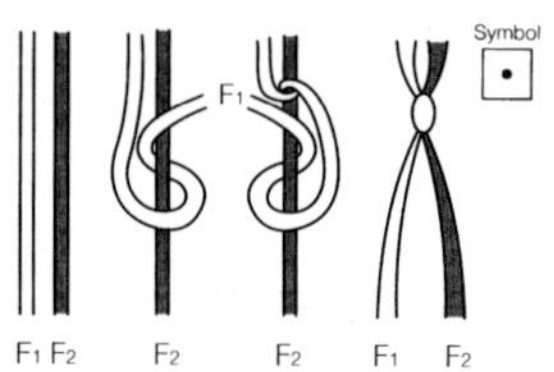

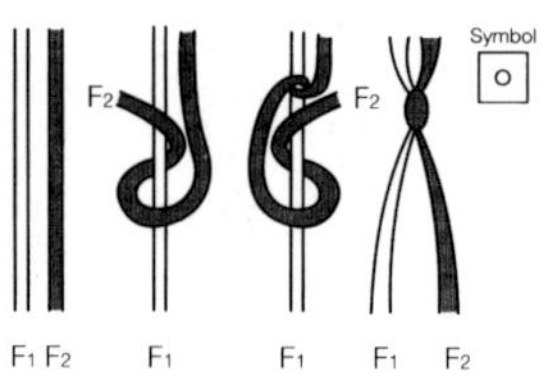

Linksgeknüpfte Knoten (Symbol: senkrechter Strich)

1. Den linken Faden F1 straff nach unten ziehen (= Ziehfaden).
2. Mit dem rechten Faden F2 (= Knüpffaden) eine Schlinge nach links über den Ziehfaden F1 legen und zu einem Knoten fest nach oben ziehen.
3. Erneut mit F2 über den Ziehfaden F1 eine Schlinge nach links legen und zu einem Knoten nach oben ziehen.
4. Der Knoten hat die Farbe des Knüpffadens F2. Die Position der Fäden hat gewechselt: F2 liegt nun links.

Links-rechtsgeknüpfte Knoten (Symbol: Kreis)

1. Den linken Faden F1 (= Ziehfaden) straff nach unten ziehen.
2. Mit dem rechten Faden F2 (= Knüpffaden) eine Schlinge nach links über den Ziehfaden F1 legen und zu einem Knoten fest nach oben ziehen.
3. Mit dem jetzt links liegenden Knüpffaden F2 eine Schlinge nach rechts über den Ziehfaden F1 legen und diese zu einem Knoten nach oben ziehen.
4. Der Knoten hat die Farbe des Knüpffadens F2. Die Position der Fäden entspricht der Ausgangsstellung.

Die Haare eines Püppchens

Sechs Fäden in der Mitte zu Schlaufen biegen, zu einem festen Strang verdrehen und unter Drehbewegungen durch die Bohrung der Perle schieben. Die Schlaufen ca. 3 cm weit herausziehen und mit Klebeband fixieren. Unter dem Kopf knüpfen, dann das Klebeband lösen. Eine Schlaufe stehen lassen, die anderen bis auf 5 mm (oder mehr) über dem Kopf kürzen, und das Garn vom Ende her mit einer Nadel auffächern. Um die Haarpracht zu vergrößern, zwei kurze Fäden über dem Kopf um die Schlaufen herum anknoten, und die Knoten in die Perle ziehen bzw. stopfen. Will man 14 Einzelfäden durch die Bohrung ziehen, die Enden zusammenfassen, mit Klebstoff bestreichen, zwischen den Fingern dünn ausrollen und zusammendrücken. Trocknen lassen und das versteifte Ende durch die Bohrung schieben.

Besonderheiten im Knüpfplan

Ⓐ Mit einem Bogen verbundene Striche bedeuten: ein Faden wird z.B. in einen Ring eingehängt. Die runde Klammer zeigt: mit diesen beiden Fäden wird ein Knoten (hier: rechtsgeknüpft) gelegt.

Ⓐ

Ⓑ Der Kreis mit dem P zeigt an: hier eine Perle auf den Faden aufschieben. Die ersten beiden Knoten (= rechtsgeknüpft) legen. Statt des dritten Knotens eine Perle auf den vierten Faden aufschieben. Die beiden letzten Knoten mit dem vierten (= Faden mit Perle) und fünften, sowie fünften und sechsten Faden knüpfen.

Ⓑ

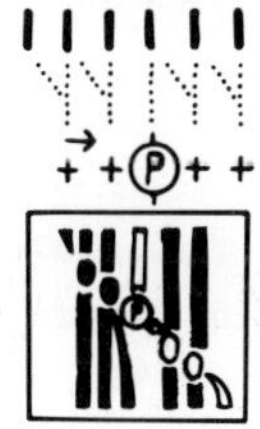

Ⓒ Eine geschweifte Klammer bedeutet: die Fäden werden zu einem Ziehfaden zusammengefaßt. Mit dem ersten Faden von links und rechts (Pfeilspitzen-Muster) jeweils über die drei zusammengefaßten Fäden einen Knoten legen.

Ⓒ

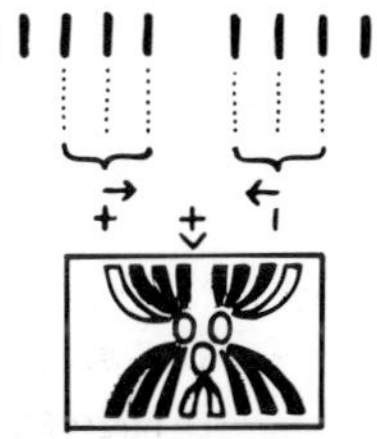

Ⓓ Unvollständige Pfeilspitzen: Von links und rechts nur je zwei Knoten zur Mitte legen.

Ⓓ

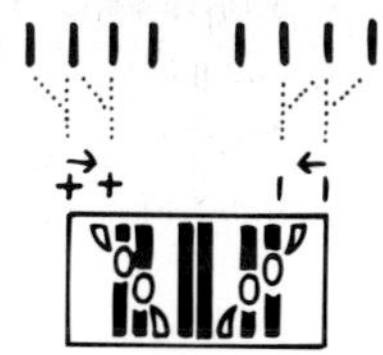

Ⓔ Unvollständige Pfeilspitzen, von innen nach außen geknüpft: Jeweils mit dem dritten und vierten Faden von links und rechts einen Knoten, mit dem zweiten und dritten Faden den zweiten legen.

Ⓔ

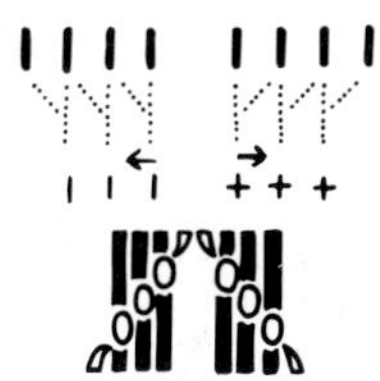

Bunte Bänder mit Rauten

Material & Hilfsmittel

Für die schmalen Bänder:

- **Perlgarn Nr. 5 in Smaragd 187, Violett 102, Dunkelblau 149, Lila 98, Blaugrün 189**
- **Tonperle in Hellviolett (2 cm lang)**

Für das breite Band:

- **Perlgarn Nr. 5 in Schwarz 403, Violett 101, Lila 96, Blau 149, Hellblau 131, Blaugrün 189, Smaragd 187, Kupfer 309, Gold 307**

- **Schere**
- **Klebeband**

Vorlagen

A, B, C

Schmales Band mit Perle

Das Band auf einen Blick
Pfeilspitze
Länge der Fäden: 80 cm
Beginn: in der Mitte der Fäden
Abschluß: je zwei Kordeln

❶ Die Fäden ordnen und in der Mitte fixieren. Pfeilspitzen nach dem Plan bis zum „Ende“ knüpfen.

❷ Das Band um 180 Grad drehen und erneut fixieren. Eine Tonperle auf alle zehn Fäden aufziehen und darunter die zweite Hälfte des Bandes ebenso knüpfen.

Schmales Band

Das Band auf einen Blick
Pfeilspitze
Länge der Fäden: 90 cm
Beginn: in der Mitte der Fäden
Abschluß: zwei Kordeln

❶ Die Fäden in der Mitte in der angegebenen Reihenfolge fixieren und Pfeilspitzen nach dem Knüpfplan (erstes Kästchen) knüpfen.

❷ Das Band um 180 Grad drehen, erneut fixieren und den Mittelteil mit den beiden violettfarbenen Rauten (zweites Kästchen) knüpfen.

❸ Nach dem Mittelteil haben die Farben wieder ihre Ausgangsstellung. Das Band wie das erste Teilstück zu Ende knüpfen und auf beiden Seiten mit zwei Kordeln abschließen.

Breites Band

Das Band auf einen Blick
Pfeilspitze
Länge der Fäden: 120 cm
Beginn: in der Mitte der Fäden
Abschluß: zwei Kordeln

❶ Die zwanzig Fäden ordnen und in der Mitte fixieren. Anschließend nach dem Knüpfplan bis „Ende“ arbeiten.

❷ Das Band um 180 Grad drehen, und die große Raute (Mitte) nach Plan knüp-fen. Anschließend wieder von vorne im Knüpfplan beginnen (ab *) und wie beim ersten Teilstück bis „Ende“ knüpfen.

Bänder mit Spitzbögen

Material & Hilfsmittel

Für das blau-grüne Band:

- **Perlgarn Nr. 5. in Schwarz 403, Blau 132, Violett 102, Blaugrün 189, Smaragd 187**

Für das Band in Regenbogenfarben:

- **Perlgarn Nr. 5 in Blau 133, Blaugrün 189, Maigrün 266, Gelb 290, Rot 335**

- **Schere**
- **Klebeband**

Vorlagen

D, E

Blau-grünes Band

Das Band auf einen Blick
Pfeilspitze
Länge der Fäden: 90 cm
Beginn: am Rand
Abschluß: je zwei Kordeln

❶ Die Fäden ordnen und am Rand fixieren. Mit Pfeilspitzen (= jeweils von links und rechts zur Mitte knüpfen) einen geraden Anfang des Bandes arbeiten: Zunächst mit den vier mittleren Fäden eine kleine Pfeilspitze knoten (= 1. Zeile im Knüpfplan), dann mit den mittleren acht, zwölf, sechzehn Fäden immer größere Pfeilspitzen knüpfen, bis mit allen 20 Fäden eine vollständige Pfeilspitze entsteht (= 5. Zeile). Weiterarbeiten nach der Vorlage.

❷ Am Schluß des Bandes zunächst bei einer Pfeilspitze den Mittelknoten weglassen, dann jede von links und rechts zur Mitte geknüpfte Reihe um je zwei Knoten verringern. Das Band mit je zwei Kordeln abschließen.

Band in Regenbogenfarben

Das Band auf einen Blick
Pfeilspitze
Länge der Fäden: 1,60 m
(ein blauer Faden 1,80 m)
Beginn: in der Mitte der Fäden
Abschluß: Schlaufe bzw. zwei Kordeln

❶ Einen 1,80 m langen und einen 1,60 m langen, blauen Faden sowie je zwei blaugrüne, maigrüne, gelbe und rote Fäden in einer Länge von jeweils 1,60 m abschneiden. Die Fäden in der Mitte fixieren, und mit dem längeren blauen Faden hintereinander ca. 14 rechtsgeknüpfte Knoten über alle Fäden legen. Das umknotete Stück zu einem Bogen biegen und mit Klebeband fixieren. Die Fäden ordnen und wie beim anderen Band ebenfalls einen geraden Anfang knüpfen (s. Knüpfplan).

❷ Am Ende einen geraden Abschluß fertigen, indem die Anzahl der von links und rechts zur Mitte geknüpften Knoten zur Mitte hin verringert wird. Mit je zwei Kordeln abschließen.

Zackenbänder

Material & Hilfsmittel

Für das Band ohne Rauten:

- **Perlgarn Nr. 5 in Schwarz 403, Rot 47, Hellrot 335, Grün 229, Hellgrün 226, Dunkelblau 150, Blau 148, Hellblau 146**

Für das Band mit Rauten:

- **Perlgarn Nr. 5 in Tiefdunkelblau 152, Rot 47, Hellrot 335, Grün 229, Hellgrün 226, Dunkelblau 149, Blau 133, Hellblau 146, Gold 309**

Vorlagen

F, G

Beide Bänder auf einen Blick
Pfeilspitze
Länge der Fäden: 80 cm
Beginn: am Rand
Abschluß: je drei Kordeln

Band ohne Rauten

❶ Die Fäden ordnen und am Rand (Überstand: ca. 15 cm) fixieren. Einen geraden Anfang des Bandes mit Pfeilspitzen knüpfen: Zunächst mit den mittleren vier Fäden eine Pfeilspitze knüpfen (= 1. Zeile im Knüpfplan), dann mit den mittleren acht, zwölf und sechzehn Fäden jeweils von links und rechts zur Mitte eine Pfeilspitze erstellen (= 2., 3. und 4. Zeile). Die fünfte Knüpfzeile zweimal nachknüpfen. Weiterarbeiten nach der Vorlage.

❷ Für einen geraden Abschluß am Ende zunächst eine Pfeilspitze ohne Mittelknoten knüpfen. Jede weitere von links und rechts zur Mitte geknüpfte Reihe um zwei Knoten am Schluß verringern, bis nur noch mit den jeweils äußeren beiden Fäden ein Knoten gelegt wird.

Band mit Rauten

❶ Einen geraden Anfang des Bandes knüpfen, indem die erste Pfeilspitze mit den mittleren vier Fäden (= 1. Knüpfzeile), die zweite mit den mittleren acht, die dritte mit den mittleren zwölf, die vierte mit den mittleren 16 Fäden (= 2. bis 4. Knüpfzeile) jeweils von rechts und links zur Mitte geknüpft wird. Die fünfte Knüpfzeile zweimal knüpfen; es entstehen die ersten zwei vollständigen Pfeilspitzen. Weiterarbeiten nach dem Knüpfplan.

Tip: Ein aufgelegtes Lineal erleichtert die Orientierung auf dem Knüpfplan.

❷ Das Ende des Bandes gerade knüpfen: Zunächst bei einer Pfeilspitze den Mittelknoten weglassen, dann jede weitere Pfeilspitze links und rechts um je zwei Knoten zur Mitte hin verkürzen. Zuletzt nur noch mit den beiden jeweils außen liegenden Fäden einen Knoten legen. Die Fäden auf beiden Seiten in drei Fadenbündel teilen und drei Kordeln drehen.

Bänder und Haarschmuck mit Püppchen

Material & Hilfsmittel

- Perlgarn Nr. 5 in Blau 132, Grün 189, Hellgrün 265, Gelb 302, Tiefdunkelblau 152
- Haarspange in Violett
- Lederriemen-Verbindung mit Verschluß in Gold
- 5 Holzkugeln in hellem Lindgrün (8 mm ∅)
- Decorlack in Weiß, Schwarz

- Schere
- Klebeband
- Kraftkleber

Vorlagen

H, I

Geknüpftes Hair-Wrap und Armband

❶ Für das Hair-Wrap vier 2,20 m, für das Armband vier 1,20 m lange Fäden in Blau, Grün, Hellgrün und Gelb abschneiden. Mit einem blauen Faden in der Mitte sieben rechtsgeknüpfte Knoten über alle Fäden legen, den Knotenstrang zu einer Schlaufe biegen und mit einer Schlinge zusammenhalten. Ca. 2 bis 2,5 cm weit (beim Band: 1 cm) wickeln, den Faden mit einer Schlinge ablegen. Die Fäden ordnen und Pfeilspitzen nach der Vorlage knüpfen. In der letzten Knüpfzeile die innen liegenden blauen Fäden miteinander verknoten und mit ihnen je einen Knoten über die drei zusammengefaßten Fäden nach außen legen.

❷ Die Fäden unter dem Geknüpften mit einer Schlinge zusammenbinden, ca. 2 cm wickeln und wiederum eine Schlinge legen. Die Fäden neu ordnen (s. Vorlage) und ein weiteres Teilstück nach demselben Knüpfplan fertigen usw.

❸ Nach vier geknüpften Variationen beim Hair-Wrap wieder von vorne beginnen. Das Hair-Wrap mit einem Knoten, das Armband nach drei (bis vier) geknüpften Elementen mit zwei Kordeln abschließen.

Wrap-Armband mit Püppchen

Je einen 1,80 m langen Faden in den genannten Farben (= 5 Fäden) abschneiden, in der Mitte eine Schlaufe legen und mit wechselnden Fäden ein Band wickeln. Am Anfang und am Ende mit einem Faden mehrere Schlingen um das Fadenbündel legen und festziehen, in Lederriemen-Verbindungen einkleben. Ein Püppchen (s. Haarspange) mit einer Schlaufe am Band einhängen.

Haarspange

Vier Püppchen fertigen (Farbanordnungen s. Knüpfplan Hair-Wrap). Vier 50 cm lange Fäden in der Mitte zusammenlegen und durch die Perle schieben. Zwei zusätzliche Fadenstücke für die Haare über dem Kopf festknoten. Den Körper knüpfen, und zum Schluß mit jeder Hälfte der Fäden einen Knoten legen, Überstände abschneiden. Die Fäden über dem Kopf bis auf 5 mm kürzen und auffächern. Für das Anhänger-Püppchen eine Schlaufe stehen lassen. Entweder mit zwei langen gelben Fäden die Arme um den Kopf herum knüpfen (Haarspange) oder jeweils links und rechts am Körper einen Faden bis zur Mitte einhängen (Anhänger-Püppchen) und rechtsgeknüpfte Knoten legen (s. Vorlage). Zum Schluß jeweils mit beiden Fäden eine Schlinge legen und festziehen. Mit Decorlack Nase und Augen aufmalen. Die Püppchen auf die Haarspange kleben.

Treppenbänder

Das Band auf einen Blick
Grundmuster
Länge der Fäden: 90 cm
Beginn: am Rand
Abschluß: je zwei Kordeln (beim halbgeknüpften Band: eine Schlaufe)

❶ Die 16 Fäden in der angegebenen Reihenfolge, ca. 15 cm von einem Ende entfernt, ordnen und mit Klebeband fixieren. Einen geraden Anfang des Bandes im Grundmuster, also immer von links nach rechts, knüpfen: Zunächst nur einen Knoten mit den letzten beiden Fäden legen (= 1. Zeile im Knüpfplan), anschließend mit den letzten vier Fäden drei Knoten (= 2. Zeile), mit den letzten sechs Fäden fünf Knoten (= 3. Knüpfzeile) usw., bis in der achten Knüpfzeile die erste vollständige Reihe im Grundmuster von links oben nach rechts unten geknüpft wird. Weiterarbeiten, wie der Plan vorgibt.

❷ Am Ende des Bandes einen geraden Abschluß knüpfen, indem jede Reihe um zwei Knoten am Ende verringert wird. Bei der letzten Reihe nur noch einen Knoten mit den ersten beiden Fäden legen. Das Band auf beiden Seiten mit je zwei Kordeln abschließen.

❸ Auch mit nur zwei Farben sieht das nach demselben Knüpfplan erstellte Band reizvoll aus (s. halbgeknüpftes Band in Gelbgrün-Blau). Vier blaue und vier gelbgrüne Fäden in einer Länge von 1,80 m abschneiden, in der Mitte fixieren und mit einem blauen Faden 15mal einen rechtsgeknüpften Knoten um alle Fäden legen. Das umknotete Stück zu einem Bogen formen und mit Klebeband fixieren. Die Fäden so ordnen, daß immer Gelbgrün und Blau abwechseln, und wie das andere Band knüpfen.

Material & Hilfsmittel

- **Perlgarn Nr. 5 in Gold 309, Schwarz 403, Violett 100, Ultramarin 133, Blau 410, Grün 189, Hellgrün 278, Gelb 290, Rot 335**

Für das halbgeknüpfte Band:

- **Perlgarn Nr. 5. in Blau 133, Gelbgrün 279**

- **Schere**
- **Klebeband**

Vorlage K

Material & Hilfsmittel

- Perlgarn Nr. 5 in Schwarz 403, Gelb 307, Maigrün 280, Hellgrün 243, Grün 923, Blau 132, Violett 102
- 2 Holzperlen in hellem Lindgrün (8 mm ∅)
- Decorlack in Schwarz, Weiß, Rot
- roter Farbstift
- Lederband in Türkis
- türkisfarbene Keramikperle in Röhrenform (ca. 35 mm lang)
- Transparent-Nähfaden

- Schere
- Klebeband
- dünne Nähnadel
- Kraftkleber

Vorlagen

L, M, N, O

Schmuckset mit kleinen Punks

Bänder

Die Bänder auf einen Blick
Pfeilspitze
Länge der Fäden: 160 cm
Beginn: in der Mitte der Fäden
Abschluß: Schlaufe bzw. zwei Kordeln

❶ Für jedes Band benötigt man sieben 1,60 m lange Fäden, von jeder Farbe einen. Die Fäden in der Mitte fixieren, und mit dem blauen Faden 10mal hintereinander einen rechtsgeknüpften Knoten legen. Den Knotenstrang zur Schlaufe biegen und mit einer Schlinge in Blau zusammenbinden. Die Schlaufe fixieren, die Fäden ordnen (bei beiden Bändern gleich).

❷ Mit dem linken schwarzen Faden einen rechts-linksgeknüpften Knoten über alle sechs Fäden legen, mit dem rechten schwarzen Faden einen links-rechtsgeknüpften Knoten über alle sechs Fäden; dann die in der Mitte liegenden Fäden in Hellgrün und Grün miteinander verknoten (rechts-links). Bei Band 1 (außen) wechseln Längslinien und Flecken ab, Band 2 besteht nur aus Flecken.

Püppchen

❶ Den Körper des kleinen Punks (Vorlage N) aus vierzehn 40 cm langen Fäden fertigen. Die Reihenfolge der Farben entspricht der des Bandes. Um die 14 Fäden durch die Perle zu ziehen, die Enden mit Kraftkleber bestreichen und zwischen den Fingern drehen. Trocknen lassen und durch die Perle schieben. Den Überstand von ca. 4 cm am Tisch fixieren, und das Püppchen nach Plan (= Pfeilspitze) knüpfen. Nach jedem Bein mit allen Fäden einen Knoten legen, nach 3 mm abschneiden. Die Haarfäden bis auf 7 mm abschneiden und auffächern. Augen und Nase mit Decorlack aufmalen, Wangen mit einem roten Farbstift zeichnen.

❷ Für die Arme (Vorlage H): Das Püppchen quer am Tisch festkleben. Für jeden Arm zwei verschiedenfarbige Fäden (Länge: ca. 25 cm) bis zur Mitte im Abstand von 2 mm durch den Rand des Körpers ziehen und je mit einem rechtsgeknüpften Knoten befestigen. Den Arm im Grundmuster knüpfen, und mit beiden Fäden einen Knoten legen.

Hair-Wrap und Kette

Fünf 2 m lange Fäden (1x Maigrün, 1x Hellgrün, 1x Grün und 2x Schwarz) abschneiden und mit einem schwarzen Faden in der Mitte eine Schlaufe erstellen (wie bei den Bändern). Abwechselnd schwarze und farbige Stücke wickeln. Den Punk mit einem transparenten Faden am Wrap oder an einer Kette aus einem Lederband annähen bzw. an einer länglichen Perle ankleben.

Lustige Rotschöpfe

Material & Hilfsmittel

- **Perlgarn Nr. 5 in Blau 134, Dunkelrot 44, Rot 47, Hellrot 333, Blaugrün 189**
- **Messingring (15 mm ∅)**
- **Zierrohr mit drei Ringen in Gold**
- **Lederriemen-Verbindung mit Verschluß in Gold**
- **5 Holzperlen in hellem Lindgrün (8 mm ∅)**
- **Decorlack in Schwarz, Weiß, Rot**

- **Schere**
- **Klebeband**
- **Kraftkleber**
- **Nähnadel**

Vorlagen

P, Q

Armband

Das Band auf einen Blick
Pfeilspitze
Länge der Fäden: 80 cm
Beginn: in der Mitte der Fäden
Abschluß: je zwei Kordeln

❶ Für jedes Püppchen fünf 80 cm lange Fäden abschneiden: 2x Blau bzw. Blaugrün (= Arme), 1x Dunkelrot, Rot und Hellrot. Die beiden blauen Fäden bis zur Mitte durch den Ring ziehen, den Ring mit Klebeband am Tisch fixieren. Mit den beiden Hälften eines jeden Fadens jeweils nacheinander fünf rechtsgeknüpfte Knoten legen.

❷ Die drei roten Fäden in der Mitte zur Schlaufe legen und ca. 5 cm weit durch die Holzperle schieben. Über der Perle mit allen Fäden einen Knoten legen, darunter die ersten zwei Reihen (= Pfeilspitze) im Knüpfplan fertigen (= Hals). Den überstehenden „Haarschopf“ mit Klebeband so am Tisch fixieren, daß der Armansatz sich mit dem Hals auf einer Linie befindet. In der dritten Knüpfzeile den jeweils innen liegenden Faden der Arme zum Knüpfen verwenden, in der vierten Reihe den außen liegenden. Weiterarbeiten nach Knüpfplan.

❸ Zwei Kordeln drehen und je mit einem Knoten abschließen. Bei der anderen Hälfte des Bandes die blauen Fäden für die Arme durch blaugrüne ersetzen. Die Haarfäden ca. 5 mm über dem Knoten abschneiden und auffächern. Mit schwarzem und weißem Decorlack die Augen, mit rotem die Nase auftupfen.

Wrap-Kette

❶ Vier 2,20 m lange Fäden in 2x Rot, 1x Blau und 1x Blaugrün abschneiden. In die Schlaufe in der Mitte einen Faden einhängen und am Tisch fixieren. Die Kette wickeln und durch das Zierrohr schieben. Die Enden in Lederriemen-Verbindungen einkleben.

❷ Die Armfäden der Püppchen in die drei Ringe einhängen, außen je einen, in der Mitte zwei. Die Püppchen fertigen wie beim Band. Als Fuß jeweils mit allen Fäden einen Knoten legen, die Überstände nach ca. 3 mm abschneiden.

Püppchen

Einzelne Püppchen (Länge der Fäden: ca. 60 cm) werden ebenso gefertigt. Bei den Armen zunächst jeweils mit beiden Fäden eine Schlinge legen und festziehen, dann, wie oben beschrieben, je fünf rechtsgeknüpfte Knoten legen und den Körper nach dem Knüpfplan erstellen.

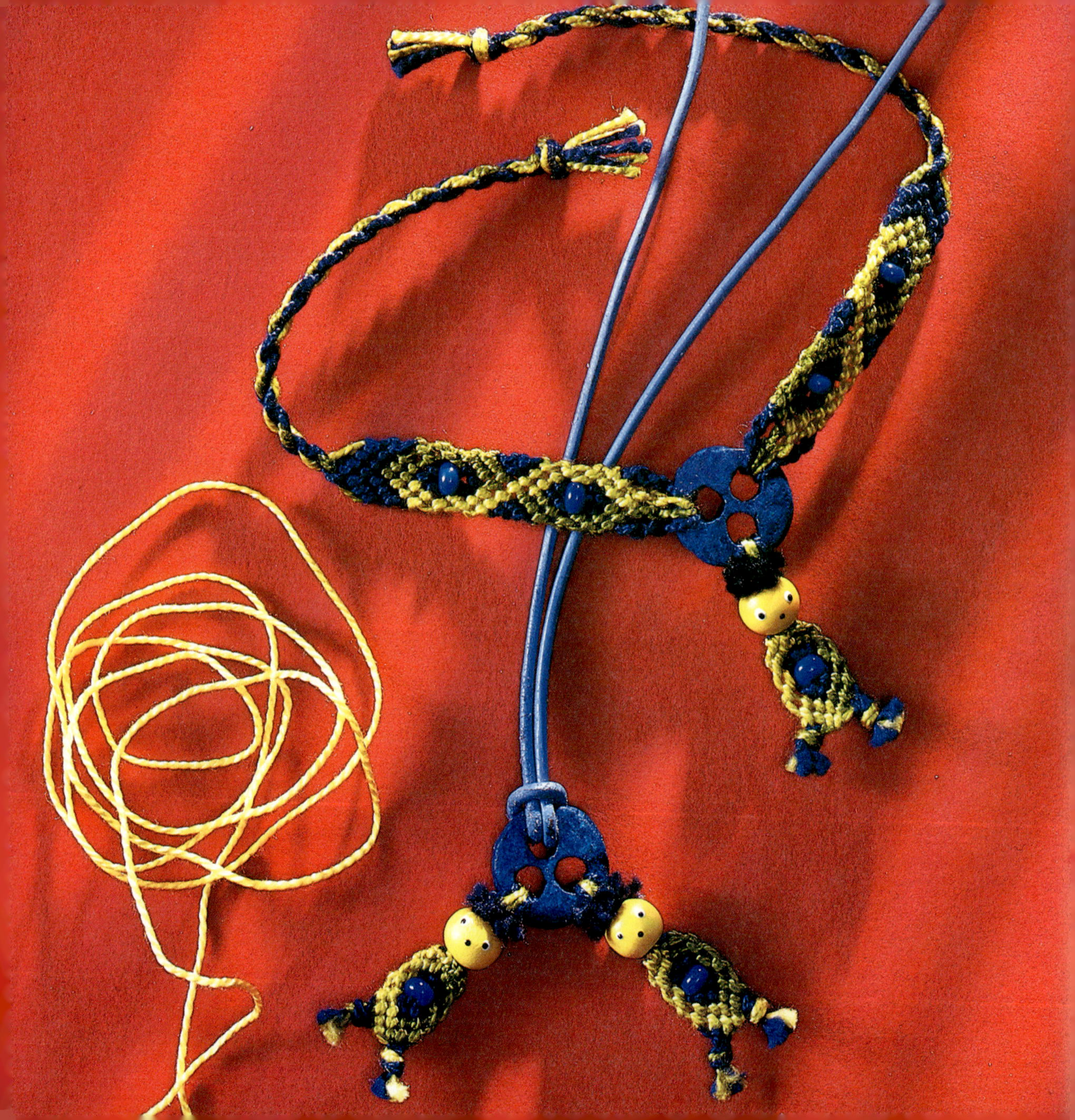

Blau-Grün geknüpft mit Püppchen

Band

Das Band auf einen Blick
Pfeilspitze
Länge der Fäden: Band 70 cm, Püppchen 30 cm
Beginn: in der Mitte der Fäden
Abschluß: Kordel

❶ In ein Loch der Keramikscheibe nacheinander vier 70 cm lange Fäden in der Reihenfolge Dunkelblau, Gelbgrün, Maigrün und Dunkelblau bis zur Mitte hindurchziehen. Den Stein mit Klebeband am Tisch fixieren. Mit den beiden dunkelblauen Fäden an den Außenseiten je drei rechtsgeknüpfte Knoten legen, mit den gelbgrünen bzw. maigrünen Fäden je zwei Knoten. Drei Zeilen nach dem Knüpfplan arbeiten.

❷ Über die beiden innen liegenden Fäden (= 4. und 5. Faden) eine Indianerperle ziehen. Weiterknüpfen nach dem Plan bis zum Ende. Dann das Band um 180 Grad wenden, die Fäden in ein weiteres Loch einhängen und den zweiten Teil des Bandes ebenso fertigen. Als Abschluß je eine Kordel drehen.

Püppchen

❶ Im dritten Loch der Keramikscheibe vier 30 cm lange Fäden (Reihenfolge wie beim Band) mit einem rechtsgeknüpften Knoten befestigen. Alle acht Fäden unter Drehbewegungen durch die gelbe Holzperle schieben. Die Fäden ordnen und nach Plan knüpfen.

❷ Zum Schluß mit je vier Fäden eine Schlinge legen, zum Knoten festziehen (= Fuß) und die Überstände abschneiden. Nase und Augen mit Decorlack auftupfen. Über dem Kopf zwei Fäden schwarzes Perlgarn um die acht Fäden herumführen, eine Schlinge legen und diese mit Hilfe einer Sticknadel ins Innere der Holzperle stopfen. Das schwarze Garn bis auf 4 mm kürzen und als Haare fein auffächern.

Kette

Zwei Püppchen an einer Keramikscheibe (= 2 Löcher) befestigen, in das dritte Loch ein blaues Lederband einhängen.

Material & Hilfsmittel

- **Perlgarn Nr. 5 in Dunkelblau 149, Gelbgrün 279, Maigrün 281, Schwarz 403**
- **2 Keramikscheiben mit 3 Löchern in Blau (ca. 17 mm ∅)**
- **7 Indianerperlen in Ultramarin (5 mm ∅)**
- **3 Holzperlen in Gelb (8 mm ∅)**
- **Lederband in Blau**
- **Decorlack in Schwarz, Weiß**

- **Schere**
- **Klebeband**
- **Sticknadel**

Vorlagen
R, S

Zwei Walfische

Material & Hilfsmittel

- **Perlgarn Nr. 5 in Schwarz 403, Dunkelblau 150, Hellgrau 397, Grau 399, Blau 134, Lindgrün 213, Hellgrün 259, Blau 131, Hellblau 130**
- **2 Rocailles in Schwarz (2,5 mm ∅)**

- **Schere**
- **Klebeband**
- **Nähnadel**

Vorlage T

Anmerkung: Die Knoten, die die Farben des Wals haben, sind auf dem Knüpfplan eingerahmt.

Das Band auf einen Blick
Grundmuster
Länge der Fäden: 90 cm
Beginn: am Rand
Abschluß: je zwei Kordeln

❶ Die 16 Fäden in der Länge von 90 cm in der angegebenen Reihenfolge am Rand (Überstand: 12 cm) fixieren, und einen geraden Anfang knüpfen: Mit den letzten beiden Fäden den links-rechtsgeknüpften Knoten der ersten Reihe legen. Die nächste schräge Reihe mit drei Knoten mit den letzten vier Fäden von links nach rechts (Grundmuster) knüpfen usw. Die farbliche Reihenfolge der Fäden ändert sich das ganze Band hindurch nicht, da immer Wechselknoten geknüpft werden.

❷ In der 17. Knüpfzeile anstatt des siebten Knotens eine schwarze Perle als Auge auf den achten Faden aufziehen. Anschließend den achten Knoten mit dem achten und neunten Faden knüpfen.

❸ Nachdem die schräge Reihe mit dem unteren Teile des Mauls des ersten Wals und der Schwanzspitze des zweiten Wals geknüpft ist, den zweiten Wal fertigen (= eingerahmte Knüpfzeilen).

❹ Am Ende des Bandes jede schräge Reihe hinten um zwei Knoten verringern, damit ein gerader Abschluß entsteht. Auf jeder Seite zwei Kordeln drehen und dabei immer die dunklen und hellen Farbtöne zusammenfassen.

❺ Bei jedem Wal vier hellblaue, kurze Fäden am hellblauen Rand (= Wasserfontäne) einhängen und in der Mitte jeweils mit einem rechtsgeknüpften Knoten befestigen. Die Fäden bogenförmig abschneiden (Höhe ca. 5 bis 7 mm) und mit einer Nadel fein auffächern.

Rabe mit Flügeln

Material & Hilfsmittel

- **Perlgarn Nr. 5 in Tiefdunkelblau 152, Blau 146, Grün 265, Gelbgrün 278, Dunkelblau 134, Gelb 302, Orange 304, Rot 335, Violett 96**
- **2 Rocailles in Weiß (2,5 mm ∅)**
- **Decorlack in Schwarz**

- **Schere**
- **Klebeband**

Vorlagen

U, V, W

Anmerkung: Zur leichteren Orientierung sind alle Knoten, die tiefdunkelblau oder dunkelblau geknüpft werden müssen, im Knüpfplan eingerahmt.

Das Band auf einen Blick
Grundmuster
Länge der Fäden: Band 90 cm, Flügel je 40 cm
Beginn: am Rand
Abschluß: je zwei Kordeln

❶ Die 90 cm langen Fäden ordnen und am Rand fixieren. Einen geraden Anfang im Grundmuster, also immer von links nach rechts, knüpfen, wie der Knüpfplan zeigt; mit den letzten beiden Fäden den ersten Knoten legen (= 1. Reihe), mit den letzten vier Fäden die drei Knoten der zweiten Reihe usw.

❷ In der 14. schräg geknüpften Reihe anstatt des 10. Knotens auf den 11. Faden eine weiße Perle als rechtes Auge aufziehen, in der 16. Reihe anstatt des sechsten Knotens auf den siebten Faden eine weiße Perle als linkes Auge.

❸ Zum Schluß die Reihe jeweils am Ende um zwei Knoten verringern, damit ein gerader Abschluß entsteht. Auf jeder Seite des Bandes zwei Kordeln drehen.

❹ Für jeden Flügel das Band so quer am Tisch mit Klebeband fixieren, daß der Rand des Bandes entlang der Tischkante liegt. Jeweils drei tiefdunkelblaue und drei dunkelblaue, 40 cm lange Fäden bis zur Mitte in den Rand einhängen (Abstand: ein Knoten) und mit einem rechtsgeknüpften Knoten befestigen. Mit den 12 Knüpffäden immer von links nach rechts (Grundmuster) knüpfen; Reihenfolge der Fäden und Knüpfvorschrift für jeden Flügel der Vorlage entnehmen.

❺ Die Fäden zu einem Faden (= Ziehfaden) zusammenfassen, wie die geschweifte Klammer verdeutlicht, mit dem vorausgehenden linken Faden einen Knoten über beide angezogenen Fäden legen.

❻ Zum Schluß mit je zwei aufeinanderfolgenden Fäden rechtsgeknüpfte Knoten legen; die Anzahl steht unter dem Knotensymbol. Nach dem Knüpfen mit jeweils beiden Fäden eine Schlinge legen und zu einem Knoten festziehen. Mit Decorlack Augen auf die Perlen malen.

Fledermaus im Mondschein

Das Band auf einen Blick
Grundmuster
Länge der Fäden: Band 90 cm,
Flügel je 80 cm
Beginn: am Rand
Abschluß: je zwei Kordeln

❶ Die Fäden ordnen und am Rand fixieren. Einen geraden Anfang, jede Reihe von links nach rechts, knüpfen.

❷ In der 22. Reihe anstatt des 10. Knotens eine schwarze Indianerperle als rechtes Auge auf den 11. Faden von links aufziehen. Anschließend den 11. Knoten mit dem 11. und 12. Faden knüpfen.

❸ Für einen geraden Abschluß des Bandes jede schräge Reihe am Ende um je zwei Knoten verringern. Das Band auf jeder Seite mit zwei Kordeln abschließen.

❹ Das Band quer am Tisch fixieren. Für den linken Flügel von links nach rechts drei 80 cm lange goldfarbene und zwei kupferfarbene Fäden bis zur Mitte durch den blauen Rand ziehen (Abstand: ein Knoten) und jeweils mit einem rechtsgeknüpften Knoten befestigen. Den Flügel knüpfen, wie der Plan zeigt.

❺ Zum Schluß mit je zwei aufeinanderfolgenden Fäden eine Schlinge legen, zum Knoten festziehen und die Überstände abschneiden.

❻ Das Band um 180 Grad drehen und wiederum quer am Tisch fixieren. Für den rechten Flügel von links nach rechts zwei kupferfarbene und drei goldfarbene Fäden am blauen Rand der Fledermaus einhängen (Abstand: ein Knoten) und jeweils in der Mitte mit einem rechtsgeknüpften Knoten am Band befestigen. Den Flügel nach dem Knüpfplan erstellen.

❼ Zum Schluß mit je zwei aufeinanderfolgenden Fäden einen rechtsgeknüpften Knoten legen. Dann mit jeweils beiden Fäden eine Schlinge legen und diese zum Knoten festziehen; Überstände abschneiden.

Material & Hilfsmittel

- **Perlgarn Nr. 5 in Blau 150, Kupfer 351, Dunkelblau 152, Gold 349, Schwarz 403, Goldgelb 304**
- **3 Rocailles in Schwarz (2,5 mm ∅)**

- **Schere**
- **Klebeband**
- **Nähnadel**

Vorlagen

X, Y, Z

Anmerkung: Zur leichteren Orientierung sind die Knoten, die in Gelbtönen zu knüpfen sind, im Knüpfplan eingerahmt.

Neben dieser Auswahl aus der Brunnen-Reihe haben wir noch viele andere Bücher im Programm. Wir informieren Sie gerne - fordern Sie einfach unsere neuen Prospekte an:

- <u>Bücher für Ihre Kinder:</u> Basteln, Spielen und Lernen mit Kindern
- <u>Bücher für Ihre Hobbys:</u> Stoff und Seidenmalerei, Malen und Zeichnen, Keramik, Floristik
- <u>Bücher zum textilen Handarbeiten:</u> Sticken, Häkeln und Patchwork

Wir sind für Sie da, wenn Sie Fragen zu AutorInnen, Anleitungen oder Materialien haben. Und wir interessieren uns für Ihre eigenen Ideen und Anregungen. Faxen, schreiben Sie oder rufen Sie uns an. Wir hören gerne von Ihnen! Ihr Christophorus-Verlag

CHRISTOPHORUS
Bücher mit Ideen
Hermann-Herder-Str. 4 / 79104 Freiburg i. Breisgau
Tel: 0761/2717-268 oder Fax: 0761/2717-352